42

I Ō 613.

C.OPIE de la Lettre d'un Voyageur français à M. DUMOURIER.

Hambourg, le 25 août 1798.

J'AI lu, Monsieur, votre dernier ouvrage sur la *Situation Politique des différentes Puissances de l'Europe*, et je suis convaincu qu'il n'est point de *bon* français, de véritable ami de son pays, de l'ordre et de l'humanité, qui ne partage la persuasion où vous êtes qu'il est temps enfin d'opposer une digue insurmontable au torrent dévastateur de la fureur démagogique.

Mais il ne suffit pas d'arrêter les effets de cette épidémie prête à porter ses ravages chez tous les peuples; il faut remonter à sa cause et la détruire. Tel est sans doute, Monsieur, le but que vous vous êtes proposé en démontrant la nécessité d'une nouvelle coalition. Cependant (et permettez-moi de vous le dire) vous ne vous êtes point assez étendu sur les moyens que doivent employer les différentes Puissances, que vous faites entrer dans cette

A

coalition, pour assurer le succès de leur héroïque entreprise. Peut-être avez-vous craint de les atténuer en les rendant publics ; mais moi qui vient de parcourir la France dans toutes ses parties, qui, dans toutes les classes, ai vu par moi-même le desir bien prononcé d'un nouvel ordre de choses, qui connois le mécontentement général sur le point d'éclater à chaque instant, moi, témoin de la dissension qui règne dans chaque conseil et dans le directoire, suite nécessaire de leur ambition mutuelle, et du souvenir déchirant des forfaits qui les ont placés où ils sont, moi enfin qui, depuis long-temps, crois fermement qu'il ne faut que *le vouloir bien*, pour abbattre les tyrans qui oppriment ma patrie, rendre aux français le bonheur après lequel ils soupirent et la tranquillité aux Nations de l'Europe déjà ébranlée dans ses premiers fondemens, je pense au contraire que ce n'est qu'en publiant leur ferme et sincère résolution, que les Puissances étrangères peuvent parvenir au but que je leur suppose, et dont l'expérience du passé, l'aspect du présent, et la crainte de l'avenir ne leur permettent plus de s'écarter.

Concevez-vous, Monsieur, l'effet terrible

(3)

que produiroit le manifeste des Puissances coalisées sur l'esprit des usurpateurs du trône des Bourbons, des assassins de LOUIS XVI et de son fils; des égorgeurs de Septembre, et de toute cette horde de scélérats dignes héritiers des Marat, des Carrier, des Robespierre, des Lebon et de tant d'autres monstres sur lesquels la mémoire ne peut se reposer sans déchirement? Concevez-vous quel doux espoir renaîtroit dans l'ame opprimée des malheureux habitans de la France, lorsque leurs libérateurs viendroient déclarer, à la face du ciel et de la terre, qu'ils n'ont pris les armes que pour briser leurs fers, chasser leurs tyrans, rendre à la France ses anciennes limites, sa religion, ses mœurs, et *son légitime souverain?* Ah! je crois déjà les entendre ces chants d'allégresse qui étouffent les cris forcenés du délire révolutionnaire; les Français ont crié VIVE LE ROI, et tous leurs maux sont déjà oubliés.

Mais il ne faut pas se le dissimuler, Monsieur, s'il n'est pas un seul Français qui ne desire ardemment le rétablissement de LOUIS XVIII sur le trône de ses ancêtres, il n'en est pas un aussi qui ne préférât la tyrannie du mons-

trueux gouvernement actuel de la France à la
honte de souffrir un nouvel usurpateur. Personne n'ignore que l'apostat Syeyes conserve
toujours son ancien amour pour les descendans
de l'infâme d'Orléans, et l'espoir de les placer
sur un trône qu'ils ont eux-mêmes ensanglanté.
Cet astucieux régicide n'a pas encore renoncé
à ses criminels projets; mais quelle est la Puissance qui voudra se prêter à une aussi épou-
vantable usurpation? En effet, en légitimant
pour ainsi dire la révolution qui a dévoré la
France, et qui menace d'engloutir avec elle
l'Europe entière, quelle garantie pourroient
avoir alors les Gouvernemens contre l'entreprise du premier ambitieux qui réuniroit le
crime à l'audace? .... Cette vérité bien sentie
doit mettre en garde toutes les Cours contre
les perfides suggestions du diplomate Syeyes,
et les engager à repousser les ouvertures qui
pourroient leur être faites dans le même sens,
mais pour tout autre individu, par ceux-là
mêmes qui tremblent à la lueur du jour qui
doit éclairer leur tardif, mais juste, mais iné-
vitable, mais terrible châtiment. Ils ont peine
à renoncer au fruit de leurs exécrables tra-
vaux; ils se ménagent encore cette dernière
ressource; mais elle leur échappera; oui, elle
leur échappera.

Je pense donc avec vous, Monsieur, que toutes les Puissances de l'Europe ont le même intérêt, qu'elles doivent toutes se prêter un mutuel secours. Eh! malheur à celles qui ne feroient pas cause commune avec les autres ! leur ruine seroit certaine. Qu'elles voyent Venise, Rome, Gênes, Turin et la Suisse, et qu'elles choisissent entre leur salut et leur destruction. Mais il faut aussi que les Puissances coalisées annoncent solemnellement le but de leur noble et loyale entreprise ; qu'elles déclarent que leurs troupes agissent au nom et pour le Roi de France dont elles seroient les auxiliaires ; que ce Prince, entouré de ses fidèles sujets, rappellés auprès de lui des différens Etats où ils s'étoient réfugiés, est à la tête des armées, qu'il en dirige seul tous les mouvemens ; que les Places qui se soumettront seront occupées au nom du Roi, moitié par ses propres troupes, et moitié par celles auxiliaires ; que tous les déserteurs seront traités avec humanité, et recevront une solde égale à celle qu'ils avoient déjà ; que tous ceux qui viendront se rallier à la bannière royale y trouveront protection et secours, mais qu'il n'y aura point de grace pour ceux pris les armes à la main.

A 3

Une pareille déclaration, Monsieur, rassu-
reroit les honnêtes gens, qui ne verroient
plus dans les troupes commandées par le Roi
que des libérateurs et des protecteurs, et rap-
portez-vous-en à un homme qui connoît non-
seulement les malheurs de ses compatriotes,
mais encore la crainte secrette de leurs tyrans.
Il n'y a rien que ces vils scélérats redoutent
autant que cette proclamation qui seroit reçue
comme un bienfait de Dieu même, par tous
les véritables Français.

Sans doute, le Directoire voulant prolonger
sa puissance et éloigner son supplice, ne tar-
deroit pas à employer tous ces moyens ex-
trêmes auxquels il doit ses triomphes ; car,
vous le savez, Monsieur, nos tyrans sont ca-
pables de tout, et vous n'avez pu oublier que
c'est avec les poignards du 2 Septembre qu'ils
sont parvenus à recruter l'armée dont vous
avez eu le commandement, et avec laquelle,
peut-être, aviez-vous l'intention, comme un
second Monck, de rétablir votre *véritable*
souverain sur le trône. Je me souviens toujours que, lorsque vous vîntes à Paris, peu
de temps avant l'affreuse et terrible catas-
trophe du 21 Janvier, vous indiquâtes votre

demeure et l'heure à laquelle vous seriez visible pour tous ceux qui voudroient vous parler: plusieurs de mes amis et moi nous crûmes voir en vous l'homme dont nous avions besoin, et déjà nous allions vous offrir nos bras ; mais votre liaison avec des partisans connus de l'infâme d'Orléans nous arrêta , et *Louis fut assassiné*...... Loin de moi, Monsieur, l'idée de vous faire aucun reproche, il ne m'appartient pas de vous juger ; mais depuis cette déplorable époque, je ne peux m'empêcher de rapporter tout ce que je dis, tout ce que je fais au malheureux LOUIS. Si donc, comme je le crois, puisque sans cela je ne voudrois avoir aucun rapport avec vous ; si, dis-je, vos intentions étoient pures, alors vous me pardonnerez facilement , Monsieur, de vous avoir reporté à un temps déjà éloigné, mais dont le souvenir est si douloureux et toûjours présent à ma pensée, et vous avouerez que, pour payer à mon Roi le tribut du respect que je lui porte, je ne pouvois pas choisir un jour plus favorable que celui-ci : mais revenons à mon sujet. Déjà le Directoire qui frémit des dangers qui le menacent, demande un décret de conscription qui mette en sa puissance toute la jeunesse du royaume. Bientôt il déclarera LA PATRIE EN DANGER, (comme si la *Patrie* résidoit dans lui seul!) et il voudra encore une fois forcer tous les Français à prendre sa défense : mais c'est alors qu'il verra tous ses efforts impuissans. Les pères, assurés de la protection de leur légitime souverain, ne souffriront pas qu'on leur arrache de nouveau leurs enfans : que dis-je ? ils les armeront et les feront marcher avec eux contre leurs tyrans. Chacun se ressouviendra du régime sanglant de Robespierre, et tous préféreront mourir les armes à la main à la lâcheté d'offrir encore leurs têtes aux bourreaux de leurs pères. Par-tout les satellites du Directoire éprouveront de la résistance, et d'un bout de la France à l'autre, on répétera : CONTRE L'OPPRESSION, L'INSURRECTION EST LE PLUS SAINT DES DEVOIRS. Que le premier signal soit donné, et bientôt, dans tout le royaume, l'on verra flotter le drapeau blanc, si cher à tous les Français, symbole de leur honneur et de leur amour sans tache pour la personne sacrée du Roi.

Mais, je vous le repète, Monsieur, il faut que le Roi marche à la tête des troupes coalisées, et que ses fidels sujets aient au moins *l'assurance* que c'est pour lui, et *pour lui seul qu'ils combattront*. Alors on verra tous les cœurs s'électriser, les armées de nos tyrans s'anéantir, et Sa Majesté ne compter parmi tous les Français que des amis, des enfans.

Ah ! si tel eut été le plan des Puissances coalisées, lorsque CHARETTE, à la tête des braves Bretons, faisoit pâlir la Convention et ses infâmes comités, si l'ardeur du Prince français n'eût pas été enchaînée à l'Isle-Dieu par une politique j'ose dire mal combinée, et qui a causé des malheurs que des larmes de sang ne peuvent effacer, il y a long-temps que la source de nos maux seroit tarie, et que la France, sous l'autorité paternelle, du Roi, auroit repris son ancien état. Mais sans doute, le ciel alors n'étoit point appaisé : il avoit à venger l'assassinat du meilleur, du plus juste des Monarques : il a voulu montrer à l'Univers les attentats multipliés d'une nation sans re-ligion, sans mœurs et sans loix. Le peuple français a donc été abandonné à lui-même, et bientôt sa rage effrénée s'est abreuvée du sang de la fille des Césars, d'une princesse dont le cœur étoit le temple de la vertu même. Que dis-je ? un poison lent, mais sûr, a coulé dans les veines de l'Enfant royal, notre unique espoir et notre soutien..... Mais non, le peuple français ne s'est point souillé du sang de ses Rois; ce crime horrible appartient tout entier à ses tyrans. Je l'ai vu, ce peuple, gémir, s'attendrir au récit des maux qu'éprouvoient ses maîtres. La terreur avoit paralysé son courage, il ne pouvoit que pleurer; mais ses larmes étoient un crime, et ses farouches despotes l'en punissoient bientôt..... Ah! tant de forfaits ne seront pas impunis : non, non, tremblez, tyrans, votre supplice s'apprête, et vos têtes sacriléges vont enfin tomber..... La Constitution si digne de ses auteurs, n'est déjà plus rien pour vous : déjà vos trésors sont épuisés, le discrédit est à son comble, tous les canaux de l'industrie sont engorgés. Vous avez dévoré les fortunes publique et particulière : en vain vous voulez, par des impositions excessives, des emprunts sur une nation qui vous brave et vous défie, des banqueroutes multipliées, en vain vous voulez vous dégager de vos dettes sacrées et augmenter vos ressources; tous vos efforts sont inutiles, et graces à vos honnêtes fournisseurs et à vos habiles calculateurs, vos dettes augmentent chaque jour et vos coffres se vuident.

Vous multipliez les fêtes publiques , parce que vous voulez distraire le peuple de ses maux et de leur cause ; mais le peuple danse à vos fêtes, et il vous méprise...... Vous prétendez commander à l'opinion ! elle est au-dessus de votre puissance , et toute entière contre vous...... A coups de bayonnettes, vous faites fermer les boutiques le décadi ; mais il vous faudra encore des bayonnettes pour les faire ouvrir le dimanche..... Le peuple , plus malheureux qu'il n'a jamais été, n'est plus la dupe de vos perfides conseils. Il rejette avec horreur la part que vous voulez lui donner gratuitement dans tous vos exécrables forfaits commis par vous et pour vous seuls..... Déjà vous vous défiez de vos propres soldats : le 18 Fructidor vous offre la juste mesure de leur fidélité. Vous les payez encore ; mais bientôt vous ne pourrez leur donner que des décrets, des actions de l'emprunt contre l'Angleterre , une part dans le milliard de biens que vous ne possédez plus, et ils vous abandonneront : vous serez enfin sans armée comme sans argent ; car que pourrez-vous faire ? des assignats ! personne n'en voudra. Vous fouillerez dans les fortunes particulières ! mais on les enterrera. Vous vous emparerez des propriétés !

eh ! qui pourra, qui voudra les acheter ?...
Ah ! je le vois : votre génie infernal ne vous
abandonnera pas. Vous massacrerez sans pitié
tous ceux qui ne viendront pas vous offrir le
peu que vous leur avez laissé, et pour me servir
de votre expression chérie, vous batterez
monnoie à la manière de BARRÈRE, votre
digne prédécesseur ; mais votre propre fureur
ranimera le courage de vos malheureuses
victimes, et le sang vraiment *impur* de vos
lâches sicaires vous prouvera que la TERREUR
ne peut plus rien sur nous ; et c'est-là où la
vengeance céleste vous attend. Le Roi, suivi
d'armées formidables, se présentera. Ses villes
frontières et de l'intérieur lui ouvriront leurs
portes. Les Français se précipiteront en foule
à ses pieds, et il les pressera contre son sein
paternel. Sa clémence augmentera ses forces,
et votre barbarie diminuera les vôtres. Sa
justice fera trembler tous les scélérats, et elle
protégera tous les honnêtes gens. Vous resterez
isolés, les remords vous déchireront, et vous
n'aurez pas même le courage de délivrer la
terre de l'horrible fardeau de votre criminelle
existence. Il faudra donc encore que la hache
des bourreaux abbatte vos têtes sacriléges :
car vous n'avez pas l'espoir d'y échapper ;

vous le savez et cette idée qui vous poursuit sans cesse fait déjà votre supplice. Sans cesse vous avez devant les yeux ce seul meurtier de Charles Ier., que la justice ne peut atteindre. Il croit cacher son crime dans une terre étrangère; il y est reconnu, et aussitôt le régicide expire.

Voilà, Monsieur, voilà les effets que produira nécessairement sur le cœur de mes malheureux compatriotes et de leurs tyrans le manifeste qui doit précéder la marche des troupes coalisées. Tous les Français la desirent; mais sur-tout que le Roi le suive de près ; c'est un besoin pour eux de voir sa personne sacrée, et sa présence seule peut leur faire oublier tant d'années de souffrances et de calamités.

Puissent, Monsieur, vos efforts déterminer promptement les différentes Puissances de l'Europe à reprendre les armes, et à purger la terre des monstres qui la désolent! La France, l'Europe, l'Univers demandent à grands cris ce dernier effort. Que les Gouvernemens le VEULENT BIEN UNE FOIS, et le crime ne régnera plus.

Quant à moi, Monsieur, si je puis échapper aux dangers que je ne chercherai point à
éviter tant qu'il s'agira de défendre la cause
de mon Roi, et si le même pays peut nous
revoir un jour, je saisirai avec empressement
l'occasion de me faire connoître, en vous par-
lant d'un homme que vous avez vu plus d'une
fois à Hambourg, qui porte toujours avec lui
un témoignage de votre liaison mutuelle, et
qui, je vous l'avoue, a été le premier à me
détromper sur l'opinion où j'étois que vous
teniez à un parti qui n'a jamais été et qui ne
sera jamais le mien. Mais jusqu'alors vous me
permettrez de garder l'anonyme, et de vous
demander seulement le service important de
donner à ma lettre toute la publicité possible.
La prudence exige la première précaution,
et mon zèle pour les intérêts de Sa Majesté
commande la seconde.

Je suis, etc.